AF254003

PIERRE-LOUIS-GEORGES, COMTE DU BUAT,

COLONEL DU GÉNIE,
CHEVALIER DE SAINT-LOUIS ET DE SAINT-JEAN DE JÉRUSALEM,

CORRESPONDANT DE L'INSTITUT,

Auteur des

PRINCIPES D'HYDRAULIQUE,

Né en 1734, à Tortizambert (Calvados), mort en 1809, à Vieux-Condé
(Département du Nord, où il avait pris résidence depuis 1757.)

SUPPLÉMENT

A LA NOTICE QUI A ÉTÉ INSÉRÉE EN 1865, SUR SA VIE ET SES TRAVAUX,
aux *Mémoires de la Société des Sciences de Lille*,

(Séance du 20 octobre 1865, volume de 1865, 3ᵉ série, tome II, pages 609-692),

Par M. de SAINT-VENANT,

Membre de l'Institut de France, des Académies et Sociétés des Sciences de Lille,
Rome (Lincei), Manchester, Gottingue, Caen, Rouen, Bruxelles, Louvain,
Cherbourg, Valenciennes, Avranches, Evreux, Lisieux, Avignon, Vendome,
et de la société de philosophie chrétienne de S. Thomas d'Aquin.

LILLE,
IMPRIMERIE L. DANEL.

1885.

PIERRE-LOUIS-GEORGES, COMTE DU BUAT,

COLONEL DU GÉNIE,

CHEVALIER DE SAINT-LOUIS ET DE SAINT-JEAN DE JÉRUSALEM,

CORRESPONDANT DE L'INSTITUT,

Auteur des

PRINCIPES D'HYDRAULIQUE [1],

Né en 1734, à Tortizambert (Calvados), mort en 1809, à Vieux-Condé
(Département du Nord, où il avait pris résidence depuis 1757.)

———⋈———

SUPPLÉMENT

A LA NOTICE QUI A ÉTÉ INSÉRÉE EN 1865, SUR SA VIE ET SES TRAVAUX,

aux *Mémoires de la Société des Sciences de Lille*,

(Séance du 20 octobre 1865, volume de 1865, 3ᵉ série, tome II, pages 609-692),

PAR M. DE SAINT-VENANT,

Membre de l'Institut de France, des Académies et Sociétés des Sciences de Lille,
Rome (Lincei), Manchester, Gottingue, Caen, Rouen, Bruxelles, Louvain,
Cherbourg, Valenciennes, Avranches, Evreux, Lisieux, Avignon, Vendome,
et de la société de philosophie chrétienne de S. Thomas d'Aquin.

———

Aucun recueil biographique n'avait, jusqu'à ma *Notice*
citée, de 1865, fait mention du célèbre colonel du Génie
Pierre du Buat, qui, après avoir donné dans sa jeunesse
la première idée de la méthode si claire et devenue de nos
jours usuelle, des représentations de reliefs par un seul
plan de projection avec échelles de pente et cotes de hauteur, a porté ensuite le zèle de ses devoirs d'Ingénieur sur
les EAUX COURANTES, et a opéré, dans l'hydraulique, une
vraie et désirable révolution, principalement par la mise en
compte du *frottement* des filets fluides tant entre eux que
sur les parois contre lesquelles ils coulent; élément aussi
esssentiel que la *pression*, mais dont d'Alembert paraît

[1] Extrait des Mémoires de la Société des Sciences, de l'Agriculture et des
Arts de Lille 1885, tome XIV, série 4ᵉ, pages 337 à 353.

n'avoir seulement pas soupçonné l'influence capitale, ou qu'il écartait comme un déréglé perturbateur de la fluidité, et dont l'omission, aussi par Euler, était cause qu'il finissait par renoncer à toute explication de l'*impulsion* des fluides en mouvement sur les corps qui y sont plongés [1].

J'ai pu, après de longues recherches, faites en divers lieux, non-seulement, reconnaître que P. du Buat était le frère et non le cousin de l'historien diplomate, comte **du** Buat de Nançay, dont la personne et les œuvres ont été en grande estime et le sont toujours en Allemagne, mais, encore, donner un tableau à peu près complet de la vie de l'Ingénieur, vie aussi belle et aussi digne de toute sympathie qu'elle a été utile, et qui s'est presque entièrement passée dans la région de la France dont Lille est le chef-lieu.

J'ai pu, aussi, donner des détails sur la vie moins éclatante, mais toujours digne d'estime, d'un de ses fils, Louis-Joseph, aussi Ingénieur militaire avant d'être Professeur à l'École d'application de Metz et sous-Inspecteur des études à l'École polytechnique.

Je viens aujourd'hui compléter, et rectifier au besoin, au moyen de documents survenus, ce travail de 1865.

Le point principal de mon œuvre actuelle sera le comblement d'une embarrassante lacune qu'offrait forcément l'œuvre de 1865; car elle laissait inexpliqué le subit abandon, pour Paris, du modeste manoir des environs de Livarot, par toute la famille des deux célèbres frères, et, par suite, le mystère de cette brillante et rapide éducation, cause première de l'illustration que si jeunes ils ont su conquérir.

---

(1) On peut voir pour la solution possible, par la simple considération des frottements, du *paradoxe* proposé à ce sujet aux géomètres par d'Alembert et ensuite par Euler, Borda et Bossut, les N°s 1 à 6 de l'extrait d'un mémoire sur la théorie de la résistance des fluides, inséré au *Compte-rendu* de la séance de l'Académie des Sciences du 15 février 1847, page 243 du tome XXIV.

Le biographe du chevalier de Folard, dit bien [1] que le célèbre tacticien, dans sa vieillesse, employait le revenu de ses pensions à aider ceux qui avaient peu de bien, et qu'en 1749, il prit chez lui trois jeunes gentilshommes et les plaça suivant leurs goûts. Mais, en 1749, les trois fils de Louis-Jean du Buat, savoir : Louis-Paul, Louis-Gabriel, et Pierre, avaient déjà dix-neuf ans, dix-sept, et quinze ans : l'aîné entra aussitôt dans la marine ; le second, aussi cette année même, dans la diplomatie ; et, l'année suivante (1er juillet 1750), le troisième fut reçu Ingénieur militaire sans passer par une École d'application. Leur éducation devait donc être, alors, achevée.

Comment donc, jusque-là, s'était-elle faite ?

Ce point mystérieux, précisément, se trouve mis à jour dans un curieux document, découvert en 1874 par un membre de la Société historique de Lisieux [2].

C'est un manuscrit in-folio, faisant partie de la bibliothèque du presbytère de Saint-Himer, paroisse à trois kilomètres au sud de Pont-l'Evêque, et, autrefois, prieuré relevant de l'abbaye du Bec. Il est presque entièrement de la main de l'abbé Henri de Roquette, né, non loin de là, à Blangy, en novembre 1699, nommé commendataire à ce prieuré en 1722, et qui vivait encore en 1787. Il a donné ce volume mannscrit à l'abbé de Grieu, son successeur, mort à Saint-Himer en 1833, et qui en a fait don à la cure de cette paroisse.

(1) Biographie universelle Michaud.

(2) Ce jeune érudit, qui a eu l'obligeance de m'en communiquer des extraits etendus avant d'en faire l'objet d'une publication de sept pages (intitulée *l'Abbé de Roquette*, et l'éducation des deux du Buat, *Lisieux*, 1880), est M. Henri Le Court, né à Pont-l'Évêque en 1849, licencié en droit, aujourd'hui notaire à Deauville-sur-Mer; proche parent de MM. du Buat qui ont habité Caen et Verneuil, et dont le père, Charles-Victor Le Court, érudit lui-même et bibliophile, est décédé en 1870, environné de l'estime de tout le pays, où il était né en 1798. (voir ci-après pages 16 et 17).

Laissons parler cette pièce. Voici ce qu'elle porte :

....« On ne peut s'empêcher d'insérer icy une histoire particulière, à cause des suites qu'elle eut pour M. l'abbé de Roquette.

« Il arriva à Paris le 30 mars 1742, un gentilhomme dont le bien est situé dans la paroisse de Tortizambert proche Livarot dans le diocèse de Lisieux. Il se nommait Louis-Jean du Buat. C'était un homme de probité, connu comme tel, aimé et estimé dans son païs. Depuis deux ans il était veuf avec cinq enfans, deux filles et trois garçons. La fille aînée avait quinze ans, la seconde quatorze ; le premier des garçons avait douze ans, le second dix et le troisième huit. Ce gentilhomme, après avoir mis ordre à son bien et s'être défait de tous ses meubles dont il avait fait lui-même l'inventaire, se mit en chemin avec ses enfans dans une charette et lui à pied, et vint descendre à Paris dans une maison d'emprunt que lui procura M. l'abbé de Roquette ; c'est le château de Reuilly, au faubourg St.-Antoine. Le but de ce gentilhomme était de louer ou d'acheter une maison avec un jardin pour en tirer par son travail, aidé de son revenu qui se montait à six cents livres, de quoi nourrir et élever ses enfans, aimant mieux, disait-il, ne manger que du pain avec eux et leur procurer une bonne éducation ; résolution certainement digne d'un père chrétien et dont on voit peu d'exemples. »

« A peine arrivé ce bon gentilhomme fut atteint d'une fluxion de poitrine et réduit en quinze jours au tombeau, âgé de trente-huit ans. Il mourut muni des sacrements que M. le curé de Sainte-Marguerite lui administra ; et ses cinq enfants restèrent entre les mains de M. de Roquette. Comme il ne connaissait que depuis peu de temps M. du Buat [1], qui n'avait point de parent à Paris,

---

(1) Saint-Himer et Blangy sont du même diocèse que Tortizambert; mais ils en sont distants de 34 kilomètres.

son premier soin fut d'écrire à ses deux oncles, dont l'un est bénédictin de la congrégation de St-Maur; et l'autre marié en Normandie [1]. Cependant, il se trouva chargé du soin de ces orphelins et des frais de l'enterrement de leur père; dont la confiance en la Providence était si grande qu'on ne lui trouva pas trente sols d'argent [2].

« Les deux oncles vinrent à Paris, et ils témoignèrent à M. l'abbé de Roquette toute leur reconnaissance des soins qu'il avait pris de leur frère pendant sa maladie, et de leurs neveux et nièces après sa mort. Après s'être consultés ensemble, ils le prièrent de vouloir bien seconder les intentions du père des enfants qui les lui avait recommandés et comme déposés en mourant. L'abbé de Roquette vit un ordre de la providence dans les circonstances de cet évènement; et Dieu, qui est le père des orphelins, lui mit dans le cœur de se charger de l'éducation de cette famille. Les deux demoiselles furent mises dans des communautés, et il prit dans sa maison les trois jeunes gens avec un précepteur pour les instruire».

« Un peu après, dans le même volume, M. de Roquette dit que ces mêmes jeunes gens se trouvaient encore chez lui en 1749 à Orival près d'Elbeuf, avec le même précepteur, qui fut un M. Alexandre, prêtre du diocèse de Beauvais. »

Enfin, plus loin, vers l'année 1773, il ajouta :

« Mais l'évènement a bien justifié la bonne éducation que le sieur abbé de Roquette a donnée à ces gentilshommes du diocèse de Lisieux, puisqu'elle les a mis en

______

(1) 1° Dom Jacques du Buat, qui vivait encore en 1792; 2° Son frère, Louis-Joseph du Buat, né le 11 mars 1708, marié à Guiprey le 3 septembre 1736, et qui eut huit enfants, dont l'un fut ce Jacques-Laurent, chef de bataillon du Génie, dont il a été parlé dans une sous-note, deux pages avant la fin de la note B de mon écrit de 1865.

(2) Ses ressources avaient été épuisées, paraît-il, par les soins d'une longue maladie de sa femme, plus âgée que lui de huit ans.

état de remplir avec distinction des places honorables. L'un est le comte du Buat, ministre plénipotentiaire du roy à la cour de Dresde, l'autre est le chevalier du Buat, chef des ingénieurs à Valenciennes. Qu'on les interroge, » ajoute-t-il ; « ils répondront avec la plus vive reconnaissance que c'est M. de Roquette qui a eu soin de leur éducation, de celle de leur frère (le marin, décédé), ainsi que de leurs sœurs, et qui a fourni des sommes considérables afin de leur procurer les meilleurs maîtres tant pour la piété que pour les sciences. »

Ces récits sont clairs. Mais une question s'offre à l'esprit. D'où vient que M. de Roquette fait avec tant de détails une narration de sa bonne œuvre, poursuivie de 1742 à 1749, ainsi que des précieux résultats obtenus, en parlant constamment de lui à la troisième personne, comme d'un étranger?

Le même volume manuscrit va nous l'apprendre.

Il le fit comme *double apologie* ou justification de sa conduite, afin, en 1743, de pouvoir sortir de la Bastille où il a été détenu pendant une des trente-trois années (1731 à 1764) où il fut exilé de son prieuré de St-Himer et de tout le diocèse de Lisieux, et afin, en 1773, d'être affranchi du second exil qu'il subit encore de 1772 à 1774.

C'est que M. de Roquette fut un ardent janséniste, faisant de chaudes manifestations et démarches. Tout le volume le transpire : c'est comme une plaidoirie pour le diacre Pâris, une admiration des prétendus miracles des convulsionnaires sur sa tombe du cimetière de St-Médard à Paris. Et l'on voit encore, au presbytère de St-Himer, un tableau de prières, donné à *son cher fils* M. de Roquette, par le fameux évêque appelant, Jean Soanen, de Senez, signant, comme on sait, « prisonnier du Christ. »

M. de Roquette fut donc accusé, calomnieusement

dit-il, d'avoir pris chez lui les trois jeunes du Buat dans une vue de propagande, « pour les former au jansénisme et leur inspirer de mauvais sentiments. » Il paraît que cette accusation fut trouvée non fondée, ce qui fit, sans doute, avec l'aide des deux oncles, que l'autorité, après enquête, laissa les jeunes gens aux mains du même précepteur que M. de Roquette avait choisi pour leur éducation. Les frères du Buat n'ont pas été, en effet, et c'est ce que j'ai exprimé en 1865, adeptes de cette doctrine condamnée, que le chevalier de Folard lui-même, quelque temps séduit, quitta l'année qui précéda celle de sa mort, arrivée en 1751.

Ce fut, en effet, des mains de M. de Roquette dans celles du vieux guerrier, son ami, surnommé le Vegèce moderne, que passèrent les trois frères du Buat en 1749 à Paris, sans doute à cause du besoin, au bout des études classiques, d'une instruction plus spéciale, et aussi pour qu'ils pussent, avec son appui, être lancés déjà dans des carrières.

L'aîné, Louis-Paul, eut presque immédiatement le grade d'officier de marine, et mourut, deux ans après, à la suite d'une longue traversée.

Le second, Louis-Gabriel, d'un caractère non moins sérieux et énergique, avait plutôt des goûts littéraires. A ce que rapporte de lui son ami l'académicien Suard dans un article de la *Biographie universelle*, et à ce que j'ai cru pouvoir donner de plus en 1865, d'après des papiers de la famille et des notes du Ministère des affaires étrangères, je peux aujourd'hui ajouter la particularité suivante, qui fait connaître sa vive piété dès le jeune âge, ainsi que sa tendre reconnaissance pour son bienfaiteur. Le volume manuscrit cité ci-dessus contient un poème de cinq cent quinze vers, composé par lui à l'âge de seize ans en l'honneur de saint Himer, et en un latin élégant mais où se reconnaissent des réminiscences Virgiliennes. Cette œuvre des vacances d'un écolier, dédiée à son bienfaiteur M. de Roquette , témoigne d'une ardente admiration pour la vie, les lointains pèlerinages, la retraite contemplative et les zélés travaux évangéliques du saint anachorète, né en Suisse à Lugnez [1], mort en l'an 612 , premier apôtre de la longue vallée Jurassienne qui, aujourd'hui, porte son nom[2].

Suard a cité une sorte de prédiction, que lui inspira la sérieuse étude de l'état de la société au milieu du dernier siècle, des bouleversements qui en précédèrent la fin. On peut encore citer, sur du Buat de Nançay, le jugement par lequel, dans son *histoire ancienne des peuples de l'Europe*, il suspecte le récit de Tite-Live : or c'est précisément une opinion que Niebuhr et d'autres auteurs allemands ont reprise de nos jours sans le citer [3].

Quant au troisième, notre intelligent et laborieux hydraulicien Pierre-Louis-Georges, j'indiquerai comme à faire, à l'historique détaillée de 1865, de ses travaux, *les additions et modifications qui suivent :*

N-B. — LES PREMIERS FOLIOS *de pages sont ceux du volume de 1866 des Mémoires de la Société de Lille,* et, LES SECONDS *(moindree du nombre 608) sont ceux du tirage à part,* de Lille, chez Danel.

---

(1) Aujourd'hui Damphreux , proche et au nord de Porentruy.

(2) Au nord-ouest des lacs de Bienne et de Neufchâtel. Une récente et intéressante publication , que Mgr l'Évêque de Bâle (résidant à Lucerne), m'a fait l'honneur de m'envoyer, et qui est extraite des actes de la Société Jurassienne d'émulation pour 1881 , œuvre due à M. Mamie , curé de la belle église de Saint-Himer reconstruite par des souscriptions en 1866 , fait connaître aussi complètement que possible ce vénéré Saint, ainsi que son identité avec celui qui est honoré dans la paroisse normande , fondée sous son vocable à trois kilomètres au sud de Pont-l'Évêque.

(3) Les nombreux papiers laissés par le comte du Buat de Nançay, sont aujourd'hui à Amiens, entre les mains de son arrière-neveu , M. le comte de Bigars de la Londe. Dans la même famille de sa seconde femme se trouve un magnifique et précieux échiquier, à piéces toutes d'argent, donné au célèbre diplomate par l'Électeur de Saxe vers 1774.

Pages 633 du volume, ou 25 du tirage. *Remplacer la Note par ceci :* L'impression de l'édition des *Principes d'hydraulique*, parue en 1816, eut lieu conformément aux indications données à l'éditeur (M. Firmin Didot) par du Buat lui-même, en 1809, l'année de sa mort.

P. 638, ou 30. — Formule $U = \ldots$ de la note. *Mettre, pour le second facteur,* $\sqrt{R} - 0,1$ *au lieu de* $\sqrt{R - 0,1}.$ — Et faire attention que dans le premier facteur, les $\dfrac{1}{I}$ sont les quotiens de *l'unité* par la pente, que représente la lettre majuscule 1.

P. 639-31. — Même substitution à faire du chiffre 1 à la lettre 1 pour premier terme du dénominateur binôme de la première expression de la vitesse moyenne U. Et il y a, à la fin de cette note, $\dfrac{R\,1}{U^2}$ à mettre au lieu de $\dfrac{R}{U^2}$.

On voit, par la seconde expression de U de cette même page, que la formule construite par du Buat *tenait déjà compte de l'influence diminutrice,* non aperçue par Prony, et signalée plus tard d'après les faits, *de la grandeur des dimensions* de la section, ou de R, sur ce quotient de RI par U².

P. 646-38. — *Ajouter à la ligne 5 en remontant,* c'est à dire à la fin de la Note sur l'influence des coudes ou tournants de tuyaux ou canaux et rivières, ceci :

Cette question de l'excédent de chute motrice qui se trouve dépensée dans les tournants pour y maintenir la même vitesse d'écoulement que dans les parties rectilignes, a été résolue par des considérations un peu autres, de M. Boussinesq, d'après les observations faites en France et en Allemagne (Essai sur les Eaux courantes, 1873, tirage fait en 1877 du t. XXIII des *Savants étrangers*, n° 221, p. 605).

Les deux formules auxquelles est parvenu M. Boussinesq, donnant cette hauteur de chute par unité de longueur de la partie courbe, ou, ce qui revient au même, la *pente* supplémentaire qui y est prise, sont :

$$0,005 \; \frac{U^2}{v} \sqrt{\frac{2\,R}{v}} \quad \text{et} \quad 0,0003 \; \frac{U^2}{h} \sqrt{\frac{a}{v}} \; ;$$

U étant la vitesse (moyenne) d'arrivée, 2 R étant le diamètre du tuyau, *a* la largeur et *h* la profondeur du canal supposé rectangle et large ; enfin, pour l'un comme pour l'autre, v étant le rayon de courbure du filet du milieu.

P. 656-48. Lignes 2, 3, 4 de la note, en remontant. — *Effacer la phrase :* Une portion absolument quelconque... serait indéterminée.

P. 657-49. Lignes 7, 8 de la note. — *Effacer la phrase :* Aucune fermeture... faible pression.

P. 657-49. Lignes 6, 7, 8. — *Effacer* en 1786 ou 1787 *et le reste de la phrase en mettant seulement :* Le 23 avril 1786, en même temps que MM. Dumont de Courset, Leblond, Bernard, et de Crell.

P. 658-50, 2ᵉ ligne de la Note 3. — *Au lieu de* du Hameau, *mettez* de Précourt.

P. 659-51, lignes 14 et 15. — *Au lieu de* de Précourt, *mettez* du Hameau.

Id. — *Au lieu des deux dernières lignes du texte*, mettez comme chiffres de renvoi, 4 à 5, *au lieu de* 5 et 4.

Id. Note 1. — *Après* morte à Fribourg, *ajoutez* vers 1794, lors de la naissance de son second enfant, qui n'a pas vécu.

P. 660-52, lignes 14, 15, 16, 17. *Au lieu de :* et vendue nationalement, etc.... comme on a dit, *mettre*, fut vendue nationalement bien au-dessous de sa valeur, eu égard aux hypothèques dont Louis Gabriel avait été obligé de la grever pour partager avec ses beaux frères l'héritage de sa première femme ; et aussi, assure-t-on, vu la destruction qui fut opérée par des gens du pays, des titres de presque toutes les pièces de terre isolées.

Même p. 660-52, *au lieu des lignes* 1, 2, 3, 4, 5 *de la Note* relative au dernier fils de du Buat, *mettez :* comme son père et ses frères, le caractère bon et généreux.

Il donnait beaucoup, même avant d'avoir recouvré quelque fortune et d'avoir, en 1823, hérité de sa mère.

Après avoir ratifié, avec ses trois frères, le don fait à la commune de Tortizambert, de son presbytère, racheté pour cela par leur cousin M. Durand de Valence, dont ils avaient recueilli en 1823 la petite succession, il acquit, tout auprès de ce lieu natal de son père, en 1825, la jolie propriété d'Heurtevant, où il mourut célibataire en 1832. Il légua au séminaire de Lisieux, toute sa fortune ; mais le Supérieur en céda la moitié à ses cinq héritiers qui eurent ainsi chacun onze mille francs.

Même Note, ligne 6. — *Au lieu de* Prindet, *mettez* Prignet.

P. 664-56 ; lignes 15, 16. *Au lieu de :* et, dit-on aussi, de MM. Perier, *mettez :* mais, surtout, de MM. Perier.

P. 664-56 ; ligne 19. *Avant ces mots*, La famille de Croy, *mettez :* Ce quart des actions ou *deniers* leur fut donné par la Compagnie, comme un acquet obtenu et à eux vendu, en stipulant un prix de vente dont on leur donna quittance sans qu'ils fussent obligés de le payer.

P. 665-57 *Ligne 8 de la Note*. — Postien, *lisez* Postiau.

P. 666-58. Ligne 5. — Après ces mots : A la bibliothèque de Valenciennes, mettre un chiffre ou astérisque de renvoi, et après l'avoir répété au bas de la page, écrivez-y en note :

Il serait très désirable que la veuve et la famille, habitant aujourd'hui Péruwetz-Bonsecours (Belgique, non loin de la frontière et d'Anzin), de cet homme honorable voulût bien léguer, plutôt, les papiers de P de Buat à la bibliothèqu de la Ville et de l'Académie de Caen, dans le pays où sont nés les deux illustres frères, et où a résidé l'aîné depuis son retour d'Allemagne.

La bibliothèque de Valenciennes n'a plus en effet, dit on, si ce n'est dans ses combles, de local pour placer même le legs ou musée *Benezech*, depuis qu'une partie de ses salles a été attribuée au Collège ou Lycée contigu. Celle de Caen, au contraire, à laquelle j'ai pu faire don en 1882 des portraits, grandeur nature, des frères du Buat, mettrait en lieu honorable, et accessible à tous les lecteurs, les papiers de Pierre du Buat, et aussi ceux, fort nombreux, du comte Louis-Gabriel, si l'honorable héritier de sa seconde femme, M. le comte de la Londe, habitant aujourd'hui Amiens, veut bien aussi l'en faire légataire.

P. 667 59. — Mettre au bas, sous le N° 27 bis, Journal (Manuscrit) d'un voyage d'un mois fait en Hollande et en Zèlande avec la duchesse d'Havré et le jeune prince de Croy, celle-là fille et celui-ci petit-fils du Maréchal duc de Croy. Cet écrit offre une relation claire, intéressante et instructive de ce qu'ils y ont remarqué. Il porte le cachet du caractère agréable de son auteur. On n'y voit pas une seule critique, mais il s'y trouve des appréciations spirituelles, et empreintes d'une douce gaîté, des exagérations de netteté et de soins méthodiques que les habitans de ce pays mettent dans leurs maisons, dans leurs rnes et chemins pavés de briques sur champ faisant mosaïque, leurs petits jardins d'où sont exclus tous les animaux domestiques, et les deux portes ne s'ouvrant qu'aux époques solennelles de la vie de famille, etc.

Même p. 667-59. — *Mettre au bas :* Une courte Notice sur P. du Buat, faite à Paris, le 4 août 1821, par son dernier fils, porte qu'il a encore composé deux manuscrits : Une vie du chevalier de Folard. — Une traduction française des ouvrages latins de *Barthelemi Holzhauser*, né en 1613 à Langnau, près d'Augsbourg, mort curé de Bingen, près Mayence, en 1658.

Dans la Notice sur Louis-Joseph, troisième fils de P. du Buat, on peut ajouter les particularités qui suivent, et que je dois surtout à sa fille ainée mademoiselle Hedwige, morte à Paris en 1877.

P. 671-63. A la suite de l'alinéa, finissant ligne 21, et qui est relatif à son beau-père, *mettre :*

M. de Mandell, brave officier, né à Ratisbonne en 1740, d'une famille devenue catholique, avait été, avant la révolution, naturalisé français, et il était en garnison à Valenciennes quand il se maria. C'est dans une maison achetée par lui en revenant d'émigration vers 1800, à Ars-le-Quinexy, à deux lieues de Metz, que se fit, le 13 octobre 1807. le mariage de Louis-Joseph avec sa fille Marie-Thérèse-Valentine, qu'il perdit le 24 mars 1811, en sorte qu'il ne fut marié que trois ans et sept mois. — La dernière des trois filles de M. de Famars (que dans le pays en appelait les trois grâces) avait épousé un autre officier de la garnison de Valenciennes, M. d'Ecosse.

P, 672-64. — Après la ligne 15, mettre un renvoi , et , en le répétant en bas, mettre en Note : Du temps qu'il habitait l'École, Louis-Joseph, veuf, y menait une vie très-retirée, très-sobre, déjeûnant avec un petit pain, dinant dehors dans un restaurant, et ne faisant, pendant le Carème, qu'un seul repas. A ces habitudes sérieusement chrétiennes, il joignait quelques originalités, il faut le dire, car elles expliquent peut-être trop bien une vive affliction de ses dernières années. Il ne recevait jamais, en effet, chez lui ses deux filles, dans la crainte des propos étourdis des élèves ; et, en fait de journaux, il était resté lecteur exclusif et obstiné d'une feuille (*les Débats*) , ayant cessé de représenter ses opinions et sa foi , en sorte qu'on était étonné de le voir suivre le torrent et se réunir aux détracteurs d'un ordre religieux que l'Église aime, en prétendant, comme raison alléguée, que par sa morale trop indulgente, cet ordre avait suscité, comme réaction, le jansénisme, etc.

P. 673-65. — A ce que nous avons dit, dans la Note, de ses Mémoires, etc., dont le premier, du 25 avril 1814 (la tractoire) , a été le sujet des commentaires (même journal de Gergonne) de ses collègues MM. Servois, Français et Argand, nous pouvons ajouter que le dernier (1815-1816, *Doutes et Réflexions*) contenait en germe les considérations philosophiques de ses *Trois Mémoires sur la Mécanique* de 1821 (même page) ; et l'excellent Gergonne, rédacteur du Recueil où parurent d'abord les *Doutes*, ajoutait que les forces, envisagées indépendamment du mouvement, n'étaient peut-être, en effet, que de purs *êtres de raison*, dont la considération isolée pouvait causer les difficultés théoriques qui se rencontrent dans l'enseignement de la Mécanique.

P. 677-69. — *Avant la dernière phrase de la page, mettre un renvoi, répété en bas, avec ceci en Note :*

Tout mon raisonnement de cette page et des trois qui la précèdent, y compris la citation de d'Alembert, prise pour épigraphe par Louis-Joseph du Buat, a été reproduit en 1868 dans la préface, p. XXIII à XXVII, des *Leçons de Mécanique analytique, d'après Cauchy*, de l'abbé Moigno. Cet excellent et savant homme, qui m'a honoré de son amitié, combat mon idée de la possibilité de supprimer, un jour, la considération des forces, en ne conservant que les *accélérations* et les *lois* de leurs productions et changements. Mais il ne cherche à diminuer aucun de mes arguments, qu'il semble, même, faire valoir eu les mettant en lumière. On voit, au reste, que je ne refuse pas absolument d'admettre, pour longtemps et si on veut pour toujours, les forces dans le langage plus ou moins métaphorique de la science ; mais pourvu qu'on ne les regarde pas comme des pouvoirs incréés, inhérents à la matière incréée aussi, dont les lois de combinaison soient des nécessités géométriquement et analytiquement démontrables en écartant la volonté législatrice, comme ont déplorablement tenté de le faire quelques grands esprits temporairement dévoyés.

P. 678-70. Ligne 5 en remontant. *A la place du dernier alinéa de cette page, et de toute la page suivante,* mettre ceci ·

Veuf après un mariage de moins de quatre années, et ayant perdu un fils le jour de sa naissance, il lui restait deux filles, nées le 13 juillet 1808 et le 22 septembre 1810. La plus jeune, laissée pendant quelques mois, sans son aînée, aux soins d'une grand'mère sans défiance, se lia intimement, à Hornaing, avec deux jeunes filles aimables et très spirituelles, mais devenues, depuis peu, d'exaltées protestantes, ce qu'on ne soupçonnait guère, car leur père et leurs deux frères étaient catholiques et leur mère était fort modérée. Une année, où elles firent en Suisse leur première *cène*, l'une des deux s'étant mariée à un protestant, presque méthodiste, du canton de Neufchatel, sut déterminer la seconde fille de Louis-Joseph du Buat à épouser, étant majeure et libre, son beau frère, M. Henri de Rougemont, du même culte, propriétaire à St-Aubin près Neufchatel, dont le père avait été président du Conseil d'État, et qui, lui, à vingt-six ans était déjà membre du Corps législatif du pays.

Ce mariage de mademoiselle Philippine du Buat se fit hors de la présence de son père, à la mairie d'Hellesme, le 3 décembre 1836. Elle mourut quelques années après à St-Aubin, en couches de son huitième enfant.

Mais son aînée, Mademoiselle Hedwige, resta avec son père, consolatrice de son vif chagrin, collaboratrice dévouée de ses bonnes œuvres, et généralement aimée et vénérée.

Après qu'elle l'eût perdu, elle alla à Neufchatel, dans l'espoir d'être utile à sa sœur, en même temps qu'aux enfants catholiques de cette ville, où elle loua viagèrement une maison qu'elle connaissait, afin d'y loger une Ecole de Frères de la doctrine chrétienne nouvellement fondée par le curé-doyen M. Aïbischem; établissement qui subsiste encore, et ayant un bâtiment annexe où elle demeura elle-même pendant deux ans.

Mais ensuite, en 1847, elle tenta de fonder, dans la petite

ville catholique de Saint-Ursanne, peu distante de Porentruy, au fond et en un tournant de la vallée du Doubs, dans un grand terrain qu'elle acquit, une maison d'apprentissage pour les jeunes ouvriers en horlogerie, afin de combattre l'attraction exercée sur eux par les ateliers du canton protestant de Neufchatel. Mais le contrecoup des événements de 1848 en France, suivi d'un incendie, d'autres malheurs, et aussi du mal qui lui était assez ordinairement rendu pour le bien, objet constant de ses vues, empêchèrent la réussite de son établissement des *Saints-Anges*, et toute sa fortune y fut engloutie. Depuis, elle a habité Paris (rue St-Dominique, 170, quartier du Gros-Caillou), dans un modeste local, voisin d'anciens amis et élèves de son père ; courageuse, résignée, conservant dans sa détresse, avec une mémoire parfaite, son imagination toujours vive et même enjouée. Elle y a fini sa vie en 1877. [1]

Mais revenons à Hellesmes et à Louis-Joseph du Buat, son père, dont, en 1838, elle soignait les infirmités. Atteint, en mai de cette année-là, d'une maladie au cœur, et ayant reçu en septembre, dans la plénitude de sa connaissance, les derniers sacrements qu'il avait demandés, il tomba le lendemain, après une nuit calme, dans un délire qui dura six semaines au grand étonnement des médecins. Puis, la lucidité complète et une santé relative lui revinrent et durèrent tout l'hiver sans toutefois permettre qu'il sortît. Mais, le 7 mai 1839, après avoir fait un mouvement, il

____

(1) Les deux miniatures, qu'elle possédait, de son parrain et aïeul Pierre du Buat et de son grand-oncle Louis-Gabriel du Buat de Nançay, ont été recueillies par son cousin et héritier M. Gustave de Mandell d'Ecosse, fils du second fils (Romuald) du beau-père de son père. Il habite Paris (167, rue de l'Université) et le château de Sery, près Crépy (Oise), et il a bien voulu me communiquer ces médaillons qui m'ont servi à faire faire les portraits, grandeur nature, des deux frères du Buat, se trouvant aujourd'hui à la bibliothèque de Caen, ainsi que chez M. Henri du Buat, à Verneuil, et au château de la Subrardière (Mayenne), chez M. le comte Charles du Buat ; et aussi (Pierre seulement) au Conservatoire des et Métiers, ainsi que chez M. Tresca, rue de Valenciennes, 6, à Paris.

s'affaissa tout-à-coup, et mourut à l'âge de soixante-onze ans.

Un témoin rapporte qu'une fois mort, sa vénérable figure avait entièrement perdu l'expression de sévérité et de mélancolie qui lui était habituelle, et portait plutôt celle d'un sommeil doux et paisible. Sa Philippine (Madame de Rougemont), objet de ses prières et de ses larmes, et à laquelle, l'année précédente, après un combat de quelques heures, il avait ouvert enfin sa maison et ses bras, partit de Suisse aussitôt avertie, mais n'arriva que pendant la cérémonie funèbre. Toute la paroisse, avec un grand nombre de personnes marquantes du dehors, assista à ses funérailles ; et, sur la croix de marbre qui recouvre sa tombe, fut gravée cette seule parole, écho du cœur de tous ceux qui l'avaient connu : *Il a passé en faisant le bien.*

10 Septembre 1865 et 23 Août 1884.

Page 681-73. A cette page de la note B, qui est toute de détails de filiations ayant un certain intérêt historique, et par lesquels, en 1865, j'ai reconnu l'obligeance des honorables survivants des diverses branches de cette ancienne famille, on peut ajouter ce qui suit, fourni par le tome VI, 1884, des *Galeries historiques de Versailles.*

L'écusson, dont le trait est ci-dessus, de Payen de Buat, père de Hugues (*d'azur à un escarboucle fleurdelisé à huit rais d'or*)

a été mis au plafond de la deuxième salle des croisades, d'après les termes d'un acte constatant les emprunts faits en terre sainte par des chevaliers croisés, à des marchands de Messine, de Sienne et surtout de Gènes. Il y est dit (Aire, Septembre, 1191) que Guillaume de Prunelé, chevalier mandataire spécial, au pays d'Outremer, de son Rév. Seigneur Renaud, évêque de Chartres, se porte garant pour un emprunt de 200 marcs d'argent contracté par Payen et Hughes de Buat, Guillaume de Montléart, etc.

L'identité de cet écusson avec ce qui figure aux 1er et 4e cantons de celui que portent les du Buat du Perche et de haute Normandie, dont faisaient partie nos Louis-Gabriel et Pierre, établissent bien la communauté d'origine.

P. 682-74, ligne 9, Croix d'or couchée, *ajoutez :* ou en fasce sur champ de gueules.

Même P. 682-74, *ligne 14 et suivantes.* Cette généalogie de la branche de basse Normandie ou du pays de Mortaim et Avranches a été entièrement refaite récemment sur pièces authentiques, depuis 1375, par M. Le Court (cité ci-dessus, page 3) qui se propose de la publier. Bornons-nous donc à dire, ici, que la singulière loi de succession, sagement abrogée par l'art 733 du code civil, dont il est parlé au bas de la page, et qui a été cause que cette branche s'est vue dépouillée du château et de la terre du Buat qu'elle aurait conservés d'après la loi actuelle comme d'après les lois anciennes, est celle qui a été *décrétée* les 17 et 21 Nivose an II (6 et 10 Janvier 1794), chapitre de la succession des ascendants, portant, art. 69, que les père et mère d'un enfant décédé, *ou le survivant d'entre eux*, lui succèdent.

P. 683-75. Ligne 6. de la Penaye, *lisez* de la Frenaye.
P. 685-77, *à la note*, Migergon, *ajoutez* ou le Mesnil-Geigo
P. 686-78, ligne 7. de mariage, *ajoutez* du 28 octobre 1609.

P. 686-78, ligne 9, d'in-, *lisez* de cent hommes d'in-.

Id. id. 10, fanterie, *ajoutez* aussi gentilhomme de la Chambre du roi.

Id. id. 14, Jacques, *ajoutez* IV.

Id. id. 18, de postérité, *ajoutez* mâle de Pierre frère de son père.

Id. id. 19, mâle, *lisez* né.

Id. id. 21, *au lieu de* né de Pierre frère de son père, *mettre* dont il eut : Anne-Nicolas-Pierre, né le 25 mars 1725, à Bazoches, et deux filles, Elisabeth. née le 5 novembre 1727, qui fut femme du Sʳ de Gaspari, mousquetaire, et Marie-Madeleine, née le 29 janvier 1729, mariée à Louis-Anthoine de St.-Aignan, cap. d'infanterie.

Id. id. 26, *au lieu de* : sur la paroisse de Saint-Martin du Vieux-Verneuil, *mettez* morte à Rohaire, en octobre 1730, et.

Id. id. 30, aprés 1703, *mettez* à Moussonvilliers.

Id. id. 34, après mort en 1759, *mettez* et deux filles, Marie-Rose et Anne-Marie.

P. 690 (du volume) ou (82 de l'à part), ligne 4 : Louis-Jean, *ajoutez* : veuf en 1742.

Idem. ligne 4. Marie-Madeleine , *ajoutez* : née en 1727.

Idem. ligne 6. Anne, *ajoutez* : née en 1738.

Au reste le même M. Le Court, dont le grand travail de généalogie et d'histoire, fait sur documents authentiques et imprimé chez Lerebour, à Lisieux, s'est récemment étendu à toutes les branches de la maison du Buat, a opéré diverses autres modifications de détail à ce que contiennent les pages 684-76, 685-76 et 686-77 de notre publication citée de 1865-1866. Nous nous bornons à y renvoyer.

Lille Imp. L. Danel.

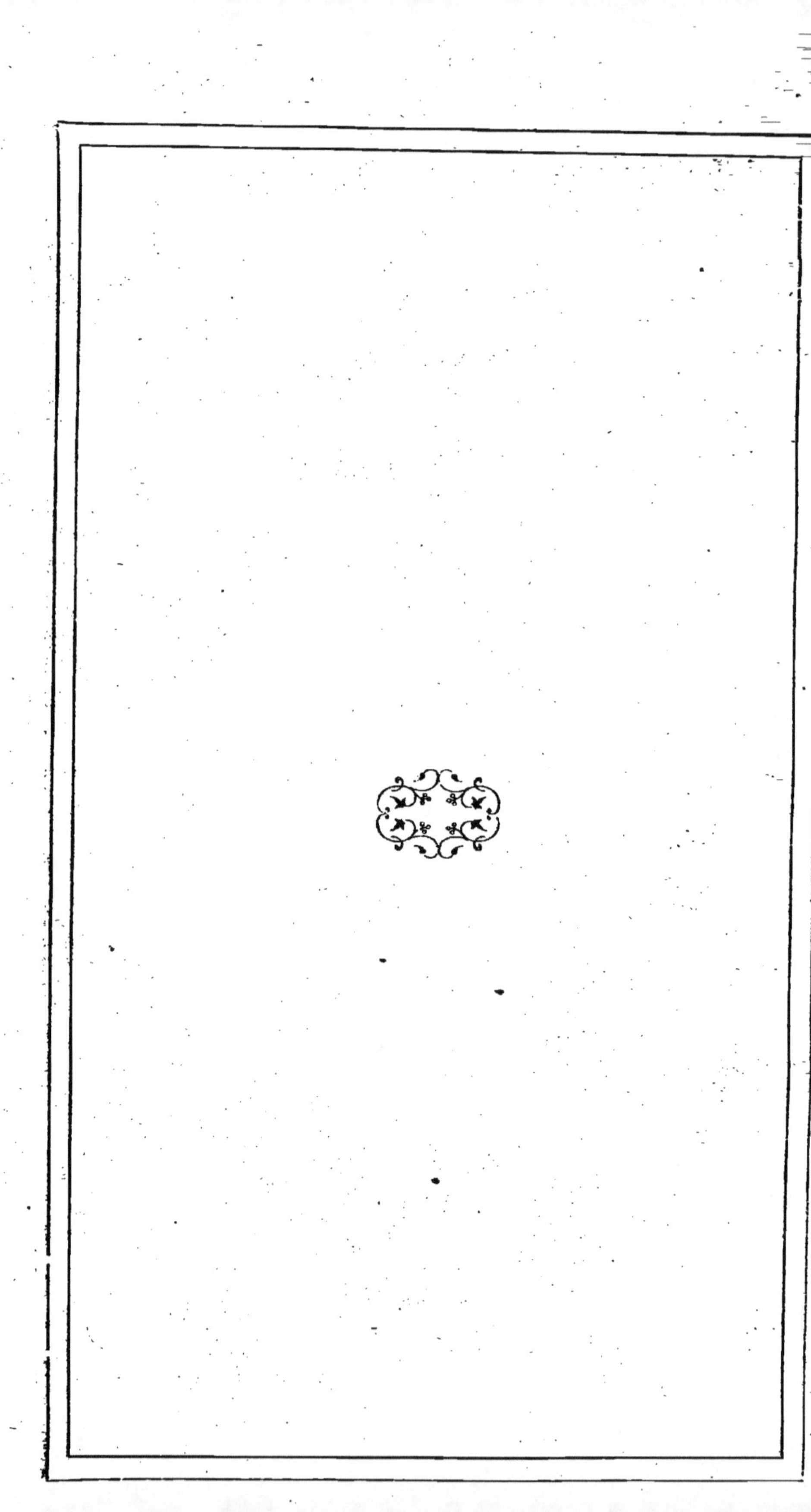

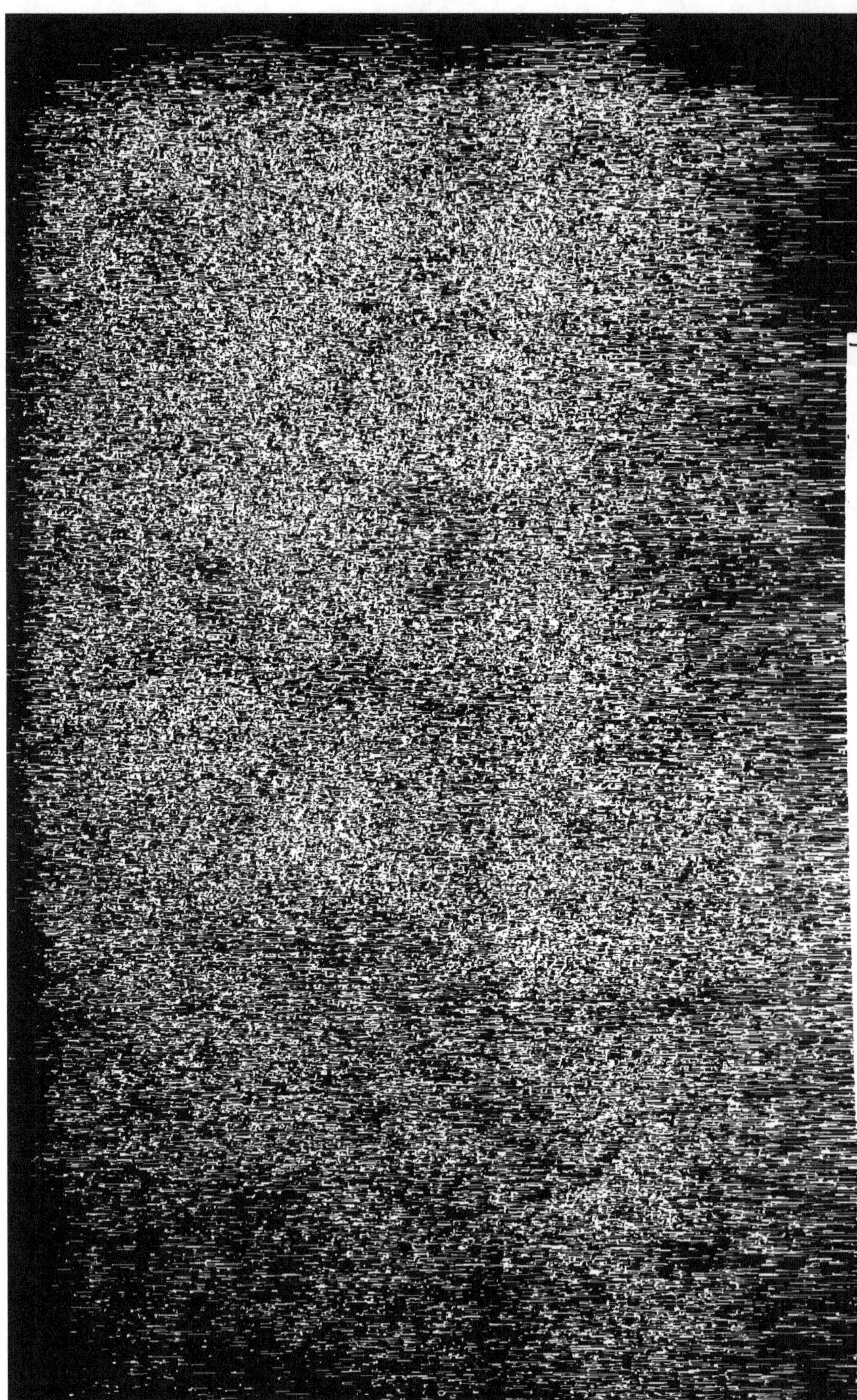